BEI GRIN MACHT SICH IHR WISSEN BEZAHLT

Influencer Marketing. Chance für die Unternehmenskommunikation

Martina Bencetic

Bibliografische Information der Deutschen Nationalbibliothek:

Die Deutsche Nationalbibliothek verzeichnet diese Publikation in der Deutschen Nationalbibliografie; detaillierte bibliografische Daten sind im Internet über http://dnb.d-nb.de abrufbar.

ISBN: 9783346578372
Dieses Buch ist auch als E-Book erhältlich.

Druck und Bindung: Books on Demand GmbH, Norderstedt Germany
Gedruckt auf säurefreiem Papier aus verantwortungsvollen Quellen

Das vorliegende Werk wurde sorgfältig erarbeitet. Dennoch übernehmen Autoren und Verlag für die Richtigkeit von Angaben, Hinweisen, Links und Ratschlägen sowie eventuelle Druckfehler keine Haftung.

Das Buch bei GRIN: https://www.grin.com/document/1169417

HFU Business School, Business Management and Psychology

Unternehmenskommunikation 2

Sommersemester 2021

INFLUENCER MARKETING

geschrieben von

Martina Bencetic

April 2021

Inhaltsverzeichnis

Abbildungsverzeichnis

1. Einleitung

Die sozialen Medien haben die Möglichkeiten der Verbreitung von Botschaften vervielfacht, dabei hat auch der Begriff „Influencer" zunehmend an Bedeutung gewonnen. Unternehmen erhoffen sich durch die Einbindung der sozialen Medien, ihre Produkte innerhalb kurzer Zeit bekannt zu machen und unzählige Menschen zum Kauf zu bewegen. Durch den ständigen Kontakt mit ihrer Community, bieten Influencer neue Perspektiven für Unternehmen, wenn es um Marketingstrategien geht. Es ist jedoch zu beachten, dass der Beruf des Influencers in der Gesellschaft häufig auf Unverständnis stößt und daher nicht den besten Ruf genießt. Der viel diskutierte und umstrittene Begriff „Influencer" wird nicht selten auch als lästig empfunden. Kurzgefasst spalten sich die Meinungen über Influencer, die einen wollen so sein wie sie und die anderen sind schlichtweg von ihnen und deren Beruf genervt (Jahnke 2021, S. 1 f.).

2. Influencer-Marketing

Soziale Medien sind für viele Konsumenten zu einem festen Bestandteil des täglichen Lebens geworden und nicht mehr wegzudenken. Dabei haben es die „Influencer" als eine Nutzergruppe der sozialen Medien geschafft, sich als Meinungsführer zu etablieren und durch ihre Bekanntheit im Internet die Ansichten und das Verhalten ihrer Fangemeinschaften zu beeinflussen (Freberg et al. 2011, S. 90; De Veirman et al. 2017, S. 798; Burmann et al. 2018, S. 253 zitiert von Sinnig und Burmann 2020, S. 3). Sie teilen mit ihren Followern täglich ihre Erfahrungen, Informationen und Empfehlungen zu den neuesten Trends aus den Bereichen Mode, Beauty, Fitness und Lifestyle (Sinnig und Burmann 2020, S. 3). Mit ihrer Reichweite sind sie für Werbetreibende hoch relevante Personen, die durch ihre persönliche Empfehlung den Wert von Produkten und Dienstleistungen erhöhen und damit direkten Einfluss auf das Kaufverhalten ihrer Abonnenten ausüben können. Durch den damit einhergehenden Erfolg hat das Influencer-Marketing zu einem Paradigmenwechsel im Marketing geführt und ist heute fester Bestandteil eines jeden Marketingbudgets (Jahnke 2021, S. 1 f.). So wenden sich immer mehr Unternehmen an Influencer, die ihre Reichweite nutzen können, um ihre Fangemeinden über diverse Kommunikationskanäle auf das Produkt, oder eine Marke aufmerksam zu machen. Die Botschaften von Influencern können auf Instagram beispielsweise über ein Bild, ein Video oder in einer Story, aber auch über einen Facebook-Post oder einen YouTube-Clip verbreitet werden (Jahnke 2021, S. 9).

Eine zentrale Schwierigkeit für Marketingabteilungen besteht darin, aus dem Überangebot die am besten geeigneten Influencer für eine Kampagne auszuwählen. Dies kann sich als schwierig erweisen, unter der Berücksichtigung, dass sich jeder eine Fangemeinde im Internet aufbauen kann und somit als potenzielles Werbegesicht in Frage kommt (Jahnke 2021, S. 2).

2.1 Entwicklung des Influencer Marketings

Bereits 1760, lange vor dem digitalen Zeitalter, kam Josiah Wedgwood, Gründer der bekannten Porzellanmanufaktur Wedgwood auf den Gedanken die britische Königsfamilie als „Meinungsführer" für seine Produkte werben zu lassen. Dies führte zu einer überwältigenden Nachfrage seiner Produkte (Bauer 2016 zitiert von Jahnke 2021, S. 9). Auch zwei Jahrhunderte später, in den 1980er- und 1990er-Jahren fungierten insbesondere Personen des öffentlichen Lebens als Markenbotschafter für eine Vielzahl von Produkten. Zu dieser Zeit war der Fernsehkonsum bemerkenswert hoch, sodass Werbespots mit bekannten Sängern, Schauspielern und Sport-Ikonen auf vielen Bildschirmen ausgestrahlt wurden und ein breites Publikum erreichten. Heute stellt die steigende Internet- und Social-Media Nutzung eine Bedrohung für das Fernsehen dar (Jahnke 2021, S. 9). Zahlreiche Plattformen wie Facebook, Instagram und Snapchat nehmen immer mehr Raum im Alltag der Gesellschaft ein (Jahnke 2021, S. 10). Nicht verwunderlich also, dass laut einer Online-Studie aus dem Jahr 2019 rund 90 % der deutschen Bevölkerung online aktiv sind (ARD/ZDF Onlinestudie 2019 zitiert von Jahnke 2021, S. 3). Fernsehen, Zeitschriften lesen und Radiohören rücken dadurch zunehmend in den Hintergrund. Vor allem die Generationen Y und Z sind aufgrund des „Medienwandels" über traditionelle Werbekanäle nur noch schwer zu erreichen, denn Zielgruppen können nur dort erreicht werden, wo sie sich üblicherweise aufhalten (Jahnke 2021, S. 3). Während sich die klassischen Medien in Form von Zeitschriften, Zeitungen, Funk und Außenwerbung weitgehend auf das Versenden von Nachrichten beschränken, fordert der Zeitgeist heute den direkten Kontakt mit dem Absender einer Nachricht, eines Videos oder eines Bildes. Mit Likes und Kommentaren können Dialoge zwischen unzähligen Nutzern geführt werden. Dialoge statt Monologe gewinnen immer mehr an

Beliebtheit und spielen im digitalen Zeitalter eine große Rolle (Otto 2020 zitiert von Jahnke 2021, S. 8). Angesichts des zunehmenden Wachstums sozialer Netzwerke sehen viele Unternehmen eine profitable Möglichkeit in der Einbindung von Influencer-Marketing in ihre Kommunikationsstrategien (Jahnke 2021, S. 10).

2.2 Relevanz von Influencer-Marketing

Die viel zitierte und erste deutsche Marktstudie zu Influencer Marketing von Goldmedia prognostizierte für das Influencer Marketing jährliche Wachstumsraten von 20 % und ein Marktvolumen in der DACH-Region von knapp einer Milliarde Euro im Jahr 2020 (Bottesch und Goldhammer 2018 zitiert von Jahnke 2021, S. 2).

Ergebnisse einer anderen Studie zeigen, dass von 1604 Befragten jeder Sechste in Deutschland bereits ein Produkt gekauft hat, das zu einem früheren Zeitpunkt von einem Influencer beworben wurde. Fast ein Drittel dieser Befragten bewertete Influencer sogar als die glaubwürdigste Quelle in Bezug auf Produktempfehlungen (BVDW/INFLURY 2017, S. 13 zitiert von Sinnig und Burmann 2020, S. 9).

Ausgehend von den Studien gibt es Hinweise darauf, dass die zunehmende Relevanz des Influencer Marketings gerechtfertigt ist und sich durchaus als Goldesel entpuppt. (Jahnke 2021, S. 2).

Heute werden junge Erwachsene vor allem über soziale Plattformen, insbesondere Instagram, zum Kauf animiert, da die klassische Werbung zunehmend bedeutungsloser wird und an Glaubwürdigkeit verliert (Jahnke 2021, S.2). Der Kurznachrichtendienst WhatsApp wird am häufigsten genutzt, obwohl er dem Grundgedanken klassischer Social-Media-Plattformen widerspricht. Auf dem zweiten Platz befindet sich Facebook. Es folgen Instagram und Snapchat, die beide vor allem von den unter 30-Jährigen intensiv genutzt werden (ARD/ZDF Onlinestudie 2019 zitiert von Jahnke 2021, S. 4). Auch der Neueinsteiger TikTok kann mit beeindruckenden Wachstumsraten überzeugen (Mohsin 2020 zitiert von Jahnke 2021, S. 4).

3. Verschiedene Arten von Influencern

Influencer unterscheiden sich in ihren Interessen und sind dadurch auf bestimmte Themengebiete spezialisiert. Für Modetipps wenden sich Interessierte beispielsweise nicht an Influencer, die sich mit dem Thema gesunde Ernährung auseinandersetzen. Auch der Personal Trainer, dem auf Instagram gefolgt wird, kann davon ausgehen, dass sich ein Großteil seiner Abonnenten aus jungen und sportaffinen Menschen zusammensetzt. Neben dem Themenfeld spielt auch die Reichweite, das heißt die Anzahl der Follower, eine große und entscheidende Rolle in der Gesellschaft (Levin 2020, S. 20).

3.1 Micro-Influencer

Influencer, die zwischen 10.000 und 50.000 Abonnenten auf ihrem Instagram-Account verzeichnen werden als Micro-Influencer bezeichnet (Jahnke 2021, S. 15). Die Zahlen sind nicht eindeutig definiert, da es auch auf die jeweilige Plattform und Branche ankommt. In der Modebranche zählen selbst Influencer mit bis zu 100.000 Followern noch zu den Micro-Influencern (Krüger zitiert von Jahnke 2021, S. 146).

Zum Vorteil vieler Abonnenten weisen Influencer dieser Größenordnung eine höhere Fanbindung auf, die sich anhand höherer Interaktionsraten ableiten lässt (Krüger zitiert von Jahnke 2021, S. 146). Dies ist insbesondere für die Generationen Y und Z wichtig, da sie sich oft mit Bekannten, Influencern, Familienmitgliedern oder anderen Community-Mitgliedern über ein Produkt oder eine Dienstleistung austauschen wollen, bevor sie eine Kaufentscheidung treffen. Im Marketing bezeichnet man dies auch als Word-of-Mouth-Kampagnen, was bedeutet, dass Konsumenten ihre Meinungen und Erfahrungen mit anderen Menschen teilen. Bewerben Micro-Influencer ein Produkt, wird dies als Empfehlung eines vertrauenswürdigen Freundes oder Gleichgesinnten wahrgenommen, der sein Leben mit seinen Followern in den sozialen Medien teilt, einschließlich Einblicke in verschiedene private Angelegenheiten gewährt, ob positive oder negative (Brix zitiert von Jahnke 2021, S. 48).

Die „kleinere" Reichweite erleichtert es dem Micro-Influencer mit seinen Abonnenten in Kontakt zu stehen, die zudem über die Kommentarfunktion auch Dialoge untereinander führen und sich austauschen können. Es liegt nahe, dass bei dem Micro-Influencer der Spaß und nicht der finanzielle Erfolg im Vordergrund steht, wodurch beim Betrachter der

Eindruck vermittelt wird, dass der Influencer authentisch, sympathisch und ehrlich rüberkommt. (Jahnke 2021, S. 15).

Nur die sogenannten Nano-Influencer sind als noch interaktivere Influencer bekannt. Mit ihren unter 10.000 oft sehr treuen Fans zählen sie zwar nicht zu den erfolgreichsten Influencern, sind aber hoch authentisch und in ihrem Themengebiet oft sehr spezialisiert. Im Übrigen haben sie großes Potenzial zu wachsen und sich als „Rising Star" zu erweisen (Jahnke 2021, S. 16).

3.2 Macro-Influencer

Diese Influencer verfügen über 50.000 bis 1.000.000 Abonnenten (Jahnke 2021, S. 16) und liegen damit im Mittelfeld zwischen den Micro-Influencern und den Superstars. Der Unterschied zu den Micro-Influencern besteht darin, dass es sich hierbei oft um Vollzeit-Influencer handelt, die ihr Geld ausschließlich durch Kooperationen mit Unternehmen verdienen. Mit der zunehmenden Bedeutung der sozialen Medien und dem daraus resultierenden steigenden Wettbewerb unter den Influencern, die alle die besten Kooperationen ergattern wollen, könnten einige in Versuchung geraten, weniger lukrative Zusammenarbeiten einzugehen, die weder zu ihnen selbst noch zu ihrem Kanal passen und so ihre Personal Brand gefährden. „Quantität vor Qualität" hinterlässt Spuren beim Publikum und wird schnell kritisiert. Der Influencer verliert mit der Zunahme unpassender Kooperationen an Glaubwürdigkeit und Authentizität (Krüger zitiert von Jahnke 2021, S. 146 f.).

In den meisten Fällen läuft die Zusammenarbeit mit Macro-Influencern jedoch aufgrund ihres Managements wesentlich professioneller ab als mit Micro-Influencern (Jahnke 2021, S. 16).

3.3 Superstars

Superstars sind durch ihre jahrelange Medienpräsenz als Sportler, Musiker oder Schauspieler bereits bekannte Persönlichkeiten und haben es leichter in den sozialen Medien Fuß zu fassen und schnell eine große Reichweite zu erzielen. Aufgrund ihrer Prominenz weisen sie oft mehrere Millionen Abonnenten auf ihren Social-Media-Kanälen auf. Grundsätzlich werden Influencer mit über einer Million Followern auch als Mega-Influencer bezeichnet. Auch hier besteht prinzipiell die Gefahr, dass durch zu viele

Kooperationsanfragen unüberlegte Zusammenarbeiten das Image gefährden können. Allerdings neigen Superstars dazu, bei Kooperationsanfragen sehr wählerisch zu sein und werden bei Entscheidungen durch professionelle Beratung unterstützt (Krüger zitiert von Jahnke 2021, S. 147).

4. Auswahl der richtigen Influencer

Tagtäglich werden Menschen mit Werbung überflutet, was den Nachteil hat, dass es für manche Zuschauer schwierig sein kann aus der Vielzahl der beworbenen Angebote diejenigen herauszufiltern, die für sie relevant sind. Auch für Unternehmen wird es immer schwieriger angesichts der enormen Informationsflut auf sich aufmerksam zu machen, denn alles was der Kunde nicht für unbedingt notwendig hält fällt aus seinem Blickfeld. Wenn sich ein Unternehmen dann entscheidet, seine Botschaft auch über gesichtslose Profile zu verbreiten, hat es kaum eine Chance die Zuschauer von einem Produkt zu überzeugen. Deshalb werden im Fernsehen oft klassische Testimonials eingesetzt, um ein Produkt zu bewerben, denn sie stehen mit ihrer Persönlichkeit hinter dem Produkt und vermitteln so Glaubwürdigkeit. Dem Käufer fällt es dadurch leichter sich mit dem Produkt zu identifizieren und seine Kaufentscheidung zu rechtfertigen. (Hoffmann 2020, S. 20 ff.). Ein beispielhaftes Vorgehen für die Verknüpfung von Produkt und Persönlichkeit zeigt der Möbeldiscounter Roller, der Dieter Bohlen als Testimonial einsetzt (Theobald 2013 zitiert von Hoffmann 2020, S. 22).

Wenn Unternehmen also vor der Entscheidung stehen eine Zusammenarbeit mit einem Influencer einzugehen, wäre es doch am sinnvollsten auf einen etablierten Star ob Sportler, DSDS-Juror oder Musiker zurückzugreifen, als auf einen über die sozialen Medien bekannt gewordenen Influencer, oder ?

Bei der Suche nach einem geeigneten Influencer für das entworfene Marketingkonzept können Unternehmen anhand von im Vorfeld erstellten Auswahlkriterien ihre Entscheidungen schneller und zielgerichteter treffen (Krüger zitiert von Jahnke 2021, S. 136).

Dabei kann der sogenannte „**Origin of Fame**", also die Art und Weise, wie ein Influencer anfänglich bekannt wurde durchaus eine gewichtige Rolle spielen. Es wird zwischen dem analogen „Origin of Fame", bei dem Influencer aufgrund ihrer Errungenschaften in der realen Welt bekannt wurden, sei es als Sportler, Sänger, Moderator oder Schauspieler (Sinnig und Burmann 2020, S. 11 f.) und dem online „Origin of Fame", der sich auf Influencer bezieht, die erst durch ihre Präsenz in den sozialen Medien berühmt geworden sind unterschieden (Djafarova et al. 2017, S. 2; Keel et al. 2012, S. 697 zitiert von Sinnig und Burmann 2020, S. 12).

Reichweite: An dieser Stelle sollte sich das Unternehmen die Frage stellen, ob es lieber mit Macro-Influencern, die eine hohe Abonnentenzahl aufweisen, oder mit mehreren Micro-Influencern zusammenarbeiten möchte (Krüger zitiert von Jahnke 2021, S. 136).

Qualität: Das Unternehmen sollte im Vorfeld sicherstellen, dass der Content des Influencers qualitativ hochwertig ist und den Vorstellungen des Unternehmens entspricht (Krüger zitiert von Jahnke 2021, S. 137).

Zielgruppe: Da die Zielgruppendefinition für den Erfolg des Unternehmens von zentraler Bedeutung ist, steht die Marketingabteilung vor der Entscheidung, ob es auf einen Influencer setzen möchte dessen Zielgruppe mit der des Unternehmens kongruent ist, oder es vorzieht von ihr abzuweichen, um neue Zielgruppen zu erreichen (Krüger zitiert von Jahnke 2021, S. 137).

Weitere Entscheidungskriterien können z.B. die **Wachstumsrate** des Influencers, die **Expertise** in einem Bereich und das dem Unternehmen zur Verfügung stehende **Budget** sein. Auch die **Persönlichkeit** des Influencers sollte nicht außer Acht gelassen werden, denn nur wenn die Beziehung untereinander stimmig ist und beide Gesprächspartner auf einer Wellenlänge liegen, steht einer reibungslosen Zusammenarbeit nichts im Wege. Nicht zuletzt spielt bei der Auswahl des richtigen Influencers auch der sogenannte „**Brand-Fit**" eine entscheidende Rolle. Nur wenn sich der Influencer mit der Marke identifizieren kann, bleibt die Glaubwürdigkeit gegenüber den Followern erhalten (Krüger zitiert von Jahnke 2021, S. 137). Wenn ein Influencer eine Kooperation eingeht, hinter der er nicht zu 100 % steht, merken Abonnenten schnell, ob alles was er sagt, der Wahrheit entspricht oder nur inszeniert ist. Letzteres beschreibt einen Grund, weshalb sich viele Menschen über Influencer aufregen und weswegen diese mit einem Imageproblem behaftet sind (Jahnke 2021, S. 1 f.).

Durch Tools, wie InfluencerDB können Unternehmen auch Unterstützung bei der Suche nach dem richtigen Influencer erhalten. Dieses Tool bietet einen tiefen Einblick in verschiedene Statistiken über die Wachstumsrate des Influencers, die Interaktionsrate des Profils, die durchschnittliche Anzahl von Likes und Kommentaren und viele weitere Details (Krüger zitiert von Jahnke 2021, S. 137).

4.1 Freiraum für Kreativität

Unternehmen sollten die Erwartungen an ihre Kampagne definieren, den Influencern aber dennoch etwas Spielraum bei der Umsetzung lassen, um ihre Kreativität nicht zu sehr einzuschränken. Denn Influencer wissen am besten, wie sie die Marke in ihren Kontext integrieren wollen, um ihre Community zu überzeugen. Idealerweise treffen sich das Unternehmen und der Influencer vor der Umsetzung der Kampagne und lernen sich persönlich und die Wünsche und Vorlieben des jeweils anderen kennen. Nur wenn sich beide Seiten bei der Umsetzung der Kampagne einig sind, wirkt sie glaubhaft auf die Abonnenten, was sowohl für den Influencer als auch für das Unternehmen von Vorteil ist (Bruce und Jeromin zitiert von Jahnke 2021, S. 68).

5. Beispiel

Die Marke Puma setzt sowohl auf Influencer, die durch ihre Leistungen in der realen Welt berühmt wurden, als auch auf solche, die allein durch ihre Social-Media-Präsenz Bekanntheit erlangten (Sinnig und Burmann 2020, S. 12).

Der erste Instagram-Post zeigt Selena Gomez als Werbegesicht für die Sportmarke Puma, während in dem anderen Post die Fitness-Bloggerin Pamela Reif zu sehen ist, die die Kategorie der online „Origin of Fame" angehörenden Influencer repräsentiert (Sinnig und Burmann 2020, S. 14).

Abbildung 1: Selena Gomez und Pamela Reif werben via Instagram für Puma (Instagram/Gomez 2017; Instagram/Reif 2017 zitiert von Sinnig und Burmann 2020, S. 14)

Neben PUMA setzen auch andere Unternehmen wie Calzedonia auf Pamela Reif als Werbegesicht. Laut Paul Paska, dem Marketingchef von Puma in der DACH-Region, ist Pamela Reif als Fitness-Bloggerin eine wichtige Markenbotschafterin für den deutschen Markt. Ihre Begeisterung für den Sport verleiht ihrer Plattform Natürlichkeit und Ehrlichkeit, insbesondere aufgrund der Zusammenarbeit mit Kooperationspartnern, die ebenfalls für Sportlichkeit stehen, was sich auch in den Verkaufszahlen widerspiegelt, denn nur wenige Minuten nach ihrem Beitrag sind bereits alle Exemplare ausverkauft. (Bruce und Jeromin zitiert von Jahnke 2021, S. 69 f.).

Die Anzahl der Abonnenten eines Influencers gibt Auskunft über die Menge der erreichten Konsumenten. Dadurch können anhand der Reichweite des Influencers die Kosten, die für das Unternehmen pro Posting anfallen ermittelt werden (Influencer Marketing Hub 2018a zitiert von Sinnig und Burmann 2020, S. 10).

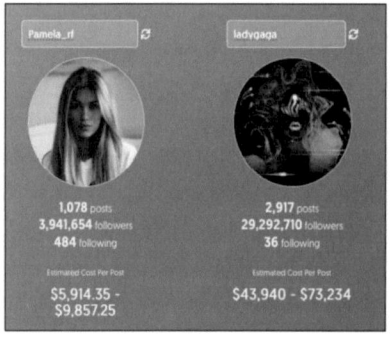

Abbildung 2: Geschätzte Kosten pro Beitrag, die durch die Zusammenarbeit mit Pamela Reif oder Lady Gaga für Unternehmen entstehen (Influencer Marketing Hub 2018, zitiert von Sinnig und Burmann 2020, S. 10)

Die vorliegende Abbildung gibt Auskunft über die geschätzten Kosten, die für ein Unternehmen pro Instagram-Posting anfallen können. Dabei ist ein deutlicher Unterschied hinsichtlich der geschätzten Kosten pro Post zwischen der Fitness-Bloggerin Pamela Reif und dem Weltstar Lady Gaga, der sich anhand der Abonnentenzahlen begründen lässt, zu beobachten (Sinnig und Burmann 2020, S. 10).

Influencer können neben einer monetären Vergütung, also einer direkten Bezahlung für ihre gesponserten Fotos oder Videos, auch kostenlos Produkte zugeschickt bekommen, zu Events oder Reisen eingeladen werden und von Rabatten profitieren (Krüger zitiert von Jahnke 2021, S. 145). Erzielen Influencer einen wirtschaftlichen Nutzen in Form einer zuvor genannten Gegenleistung, handelt es sich zweifelsohne um eine geschäftliche Handlung und ist damit verpflichtend als Werbung zu kennzeichnen. Besonders schwierig wird es aber, wenn ein Produkt unentgeltlich namentlich erwähnt wird und dadurch keine klare Abgrenzung zwischen einem privaten Beitrag und einer Werbung erkenntlich ist. Selbst Gerichte sind sich oft nicht einig, wo die Grenze zwischen privat und geschäftlich anzusetzen ist und welche Indizien dazu führen sollen, dass ein Beitrag als kennzeichnungspflichtig eingestuft wird (Sekara zitiert von Jahnke 2021, S. 310 ff.).

5.1 Wenn der Influencer zur Marke wird

Wie lukrativ das Geschäft als Influencer sein kann, zeigen diejenigen, die ihre Reichweite gezielt für den Aufbau einer eigenen Marke genutzt haben, etwa im Beauty- oder Modebereich. Pamela Reif ist inzwischen zu ihrer eigenen Marke geworden und hat ihr eigenes Geschäft aufgebaut. Sie nutzt ihre Reichweite und ihren Prominentenstatus, um ihre eigenen Food-Produkte und Bücher zu vermarkten (Bruce und Jeromin zitiert von Jahnke 2021, S. 69).

Vergleicht man die Instagram-Accounts von Influencer-Marken mit Marken, die bereits seit Jahren bestehen, wird schnell klar, dass Influencer-Marken häufig deutlich mehr Abonnenten haben. Die eigene Produktlinie von Bibis Beauty Palace namens bilou (@mybilou) verzeichnet auf Instagram 1,6 Millionen Abonnenten (Instagram April 2021), wohingegen eine Marke wie Joop nur etwas mehr als 35.000 Follower (Instagram April 2021) auf Instagram aufweist (Bruce und Jeromin zitiert von Jahnke 2021, S. 69).

Eines der wohl finanziell erfolgreichsten Influencer-basierten Unternehmen wurde von Medienstar Kylie Jenner aufgebaut. Ihre 175 Millionen Follower waren die Geschäftsgrundlage für den Aufbau ihres Kosmetikunternehmens namens Kylie Cosmetics, das sie für 600 Millionen US-Dollar verkaufte. Dadurch konnte sie sich mit Anfang 20 bereits ein Vermögen von fast einer Milliarde Dollar aufbauen (Reichert 2018; Forbes zitiert von Jahnke 2021, S. 70).

6. Schlussfolgerung

Influencer-Marketing hat in den letzten Jahren viel Aufmerksamkeit erregt und einen enormen Stellenwert in der Gesellschaft und Wirtschaft erreicht. Die Zusammenarbeit mit Influencern wird auch in Zukunft für Unternehmen essenziell sein, denn Influencer verhelfen Marken und Produkten zu mehr Aufmerksamkeit und Glaubwürdigkeit. Trotz der von Unternehmen vorgefertigten Marketingkonzepte dürfen Influencer bei der Zusammenarbeit nicht in ihrer Kreativität eingeschränkt werden. Andernfalls verlieren sie an Authentizität und vermitteln ihrer Community den Eindruck, dass sie nur des Geldes wegen werben. Ist dieser Eindruck in der Community erst einmal erweckt worden, wird es für den Influencer sehr schwierig werden, seinen Reputationsschaden wieder zu beheben. Aus diesem Grund sollten sich Unternehmen auf die Suche nach geeigneten Influencern machen, die sich mit dem Produkt und der Marke identifizieren können. Verschiedene Auswahlkriterien können dabei für Unternehmen hilfreich sein, diese gehen allerdings weit über das Kriterium der Reichweite hinaus.

Wenn sich Influencer hingegen von Anfang an richtig positionieren und mit geeigneten Werbetreibenden kooperieren, dann kann ihnen das Influencer-Dasein ganz neue Türen öffnen. Sie können auf Basis ihrer großen Reichweite sogar eigene Produkte unter ihrem Namen auf den Markt bringen und zu selbstständigen Geschäftsleuten werden.

7. Literaturverzeichnis

Sammelwerk:

Krüger, André; Jahnke, Marlis; Brix, Regina; Bruce, Annette; Jeromin, Christoph; Sekara, Monika, in Jahnke, Marlis (Hg.) (2021): Influencer Marketing. Für Influencer und Unternehmen: Strategien, Erfolgsfaktoren, Instrumente, rechtlicher Rahmen. Mit vielen Beispielen. 2. Auflage 2021. Wiesbaden: Springer Fachmedien Wiesbaden GmbH; Springer Gabler.

ARD/ZDF Forschungskommission/ARD/ZDF-Onlinestudie. (2019). https://www.ard-zdf-onlinestudie.de/ardzdf-onlinestudie-2019. Zugegriffen: 31. Juli 2020

Bauer T. (2016). Viel Lärm um nichts? Wie hoch der ROI beim Influencer Marketing wirklich ist, onlinemarketing.de. https://onlinemarketing.de/news/viel-laerm-um-nichts-wie-hoch-der-roibeim-infuencer-marketing-wirklich-ist. Zugegriffen: 9. Sept. 2017.

Bottesch, S., & Goldhammer, K. (2018). Marktstudie Influencer Marketing in der DACH Region. https://www.goldmedia.com/produkt/study/marktstudie-infuencer-marketing-in-der-regiondach/. Zugegriffen: 31. Juli 2020

Mohsin, M. 10 TikTok statistics that you need to know in 2020 https://www.oberlo.com/blog/ tiktok-statistics. Zugegriffen: 11. Aug. 2020.

Otto, K. (2020). Freunde sind wichtiger als Influencer, https://www.wuv.de/tech/freunde_sind_ wichtiger_als_infuencer?utm_source=newsletter-redaktion&utm_campaign=mailing&utm_ medium=teaserbutton. Zugegriffen: 1. Juli 2020

Reichert, I. (2018). Mit Lippenstift zur jüngsten Milliardärin der Welt. https://www.spiegel.de/ wirtschaft/unternehmen/kylie-jenner-mit-lippenstift-werbung-zur-juengsten-milliardaerin-derwelt-a-1221855.html. Zugegriffen: 29. Juni 2020.

Buch:

Hoffmann, Kerstin (2020): Markenbotschafter - Erfolg mit Corporate Influencern. Überblick, Strategie, Praxis, Tools. 1. Auflage. Freiburg, München, Stuttgart: Haufe Group.

Theobald, Tim: »Roller wirbt jetzt mit dem doppelten Bohlen«, in: Horizont, 23. September 2019, https:// www.horizont.net/agenturen/nachrichten/jubilaeumskampagne-roller-wirbt-jetzt-mit-dem-doppeltenbohlen-177745

Buch:

Levin, Aron (2020): Influencer marketing for brands. What YouTube and Instagram can teach you about the future of digital advertising. New York NY: Apress.

Buch:

Sinnig, Julia; Burmann, Christoph (2020): The role of origin of fame in influencer branding. A comparative analysis of German and Russian consumers. Wiesbaden, Germany: Springer Gabler (Innovatives Markenmanagement).

BURMANN, C./HALASZOVICH, T./SCHADE, M./PIEHLER, R. (2018), Identitätsbasierte Markenführung: Grundlagen, Strategie, Umsetzung, Controlling, 3rd edition, Wiesbaden: Springer Gabler.

BVDW/INFLURY (2017), Bedeutung von Influencer Marketing in Deutschland 2017.

DE VEIRMAN, M./CAUBERGHE, V./HUDDERS, L. (2017), Marketing through Instagram influencers: the impact of number of followers and product divergence on brand attitude, in: International Journal of Advertising, vol. 36(5), pp. 798-828.

DJAFAROVA, E./RUSHWORTH, C. (2017), Exploring the credibility of online celebrities' Instagram profiles in influencing the purchase decisions of young female users, in: Computers in Human Behavior, vol. 68, pp. 1-7.

FREBERG, K./GRAHAM, K./MCGAUGHEY, K./FREBERG, L. A. (2011), Who are the social media influencers? A study of public perceptions of personality, in: Public Relations Review, vol. 37(1), pp. 90-92

INFLUENCER MARKETING HUB (2018), Micro-influencers vs. Celebrities, https://influencermarketinghub.com/micro-influencers-vs-celebrities/ (accessed: March 7th, 2018).

INSTAGRAM/GOMEZ, S. (2017), Post published on September 18th, 2017, https://www.instagram.com/p/BZMKHI6A3fu/?taken-by=selenagomez (accessed: March 7th, 2018).

INSTAGRAM/REIF, P. (2017), Post published on September 17th, 2017, https://www.instagram.com/p/BZJlhKZB9CX/?hl=en&taken-by=pamela_rf (accessed: March 7th, 2018).

KEEL, A./NATARAAJAN, R. (2012), Celebrity Endorsements and Beyond: New Avenues for Celebrity Branding, in: Psychology & Marketing, vol. 29(9), pp. 690-703.

Webseite:

INSTAGRAM (2021), Profilübersicht, https://www.instagram.com/mybilou/ (Zugegriffen: 15.04.2021).

INSTAGRAM (2021), Profilübersicht, https://www.instagram.com/joop/ (Zugegriffen: 15.04.2021).